El Diccionario de los Sueños

Una guía para entender e interpretar tus sueños

Lauren Lingard

Índice

Introducción

En la historia del hombre, los sueños nunca han dejado de ser cuestionados o considerados. Como humanos, nos preguntamos una y otra vez qué significan y de dónde vienen. Ya sea a lo largo de los siglos, de los países o de los idiomas, la humanidad ha llegado a determinar que los sueños significan cosas, y lo que significan puede ser un concepto universal, o simplemente lo que significan para nosotros. En efecto, fueron los antiguos babilonios los primeros en registrar sus sueños, ni más ni menos que en tablas de piedra, con el fin de interpretarlos.

Desde los inicios de la sociedad hasta la era moderna, buscamos en nuestro interior para encontrar respuestas a las preguntas más arduas de la vida, y a menudo las respuestas ya están dentro de nosotros. En ocasiones, las respuestas ya están dentro de nosotros. Los sueños han sido una venda y un bálsamo para algunas de estas dolorosas maravillas. Aunque sean extraños, son los sueños los que a veces nos dan los mejores consejos, pistas o ideas. Stephanie Meyer, después de todo, consiguió la idea de su exitosa saga, *Crepúsculo*, de un sueño.

Con la evolución de la investigación científica, ahora sabemos que la mayoría de los sueños ocurren durante el sueño REM, cuando el cerebro está más activo durante el ciclo de sueño. Durante este periodo de tiempo, los sueños son ricos y vibrantes. Tendemos a recordarlos de forma más gráfica y detallada. Mientras que algunos expertos afirman que soñar podría reducirse a un mecanismo de adaptación del cerebro para hacer frente a los factores de estrés diarios de la vida, otros sugieren que hay otra fuerza en juego. ¿Quiere esto decir que el cerebro humano es mucho más creativo e imaginativo de lo que se pensaba? ¿Cuáles son las otras capacidades del cerebro durante el sueño y qué más podemos descubrir sobre cómo soñamos?

La serie de imágenes que nuestro cerebro evoca se unen, como una alfombra tejida, para formar una narración o lo que llamamos un sueño. Un sueño no es más que una rápida sucesión de imágenes que nuestro cerebro junta, pero se colocan juntas tan rápidamente que a menudo parece que estamos viendo una película. Si bien la mayoría de las personas tienen entre tres y cinco sueños por noche, la mayoría de ellos se olvidan rápida y fácilmente. Hay quienes ni siquiera recuerdan haber tenido sueños la mayoría de las noches. Aunque sea decepcionante, es importante recordar que los sueños siguen ocurriendo, y muy probablemente por una razón.

A través de un cuidadoso análisis y consideración, *El Diccionario de los Sueños* pretende responder a las preguntas sobre los sueños y ofrecer una perspectiva de lo que significan las pequeñas piezas de nuestros rompecabezas oníricos. En estas páginas, tal vez tú también encuentres el bálsamo o la venda que tu sueño intenta ser para ti.

Capítulo Uno: ¿Por qué soñamos?

Un tema muy debatido, el de por qué soñamos, sigue siendo una pregunta a la que aún no hemos encontrado muchas respuestas. Circulan muchas teorías, pero hay una clara falta de respuestas definitivas sobre por qué el cerebro decide darnos estas interpretaciones visuales. De lo que sí tenemos constancia por estudios recientes es de que el cerebro opera entre un determinado rango de hercios durante el proceso de sueño que produce ondas theta. En este periodo del sueño es cuando se produce la mayor parte de los sueños. Las pruebas de un estudio realizado en un grupo de veinte personas en la Universidad de Swansea, en el Reino Unido, sugieren que soñar podría ser un mecanismo de afrontamiento para ayudar a procesar emocionalmente los acontecimientos difíciles o estresantes.

Asimismo, una de las razones por las que dormimos podría ser para ayudar a resolver nuestros problemas y utilizar viejos recuerdos antes de que se olviden. No es ningún secreto que el cerebro dispone de un sinfín de procesos complejos para hacer frente a los traumas, el dolor y el malestar, por lo que no es exagerado decir que el sueño es un complemento de estas capacidades.

Por mucho tiempo, las teorías han afirmado que los sueños no significan nada y que solo han evolucionado a partir de un proceso que el cuerpo humano ya no utiliza. Otros sostienen que los sueños son una conexión universal entre la humanidad y el mundo en el que residimos, aprovechando la energía natural del mundo para darnos mensajes. Esto es más difícil de probar, por supuesto, pero es una creencia común.

Del mismo modo, los teólogos atestiguan que los recursos bíblicos mencionan que Dios da sueños. Los dioses y diosas de los sueños también están repartidos por los panteones del mundo antiguo. Morfeo, por ejemplo, es el dios grecorromano de los sueños y del sueño.

No obstante, lo que algunos expertos han descubierto es que el cerebro simplemente actúa de forma diferente durante estos ciclos de sueño y vigilia. Se han realizado numerosos estudios para demostrar el efecto del sueño en la salud mental, física y emocional. Los que se despertaban antes de entrar en el sueño REM, y por tanto no soñaban, tenían más problemas de salud mental.

Con independencia de la ciencia de por qué soñamos, no se puede argumentar que se subestimen los beneficios de soñar. Los sueños manifiestan ideas, aportan nuevas perspectivas y ofrecen descansos refrescantes de los factores de estrés de la vida cotidiana.

Capítulo Dos: Registra Tus Sueños

El primer registro conocido de los sueños se remonta al año 3100 a.C., por parte de los antiguos babilonios, que ya habían plasmado la idea de escribir e interpretar los sueños en tablillas de piedra. Esta misma cultura, que dio origen a los famosos jardines colgantes, una de las Siete Maravillas del Mundo de la Antigüedad, se fundó en la llamada Mesopotamia, o Cuna de la Civilización. Incluso los ancestros más sofisticados de la humanidad tenían interés en registrar los sueños.

Como si fuera un diario, registrar tus sueños para estudiarlos después, puede ser beneficioso por un sinfín de razones. Como actividad tranquilizadora para poner el cerebro en marcha durante el día, registrar tus sueños también puede ayudarte a tener una perspectiva de tu vida. Puede que haya una pepita de sabiduría esperando a ser extraída en los profundos recovecos de lo que tu mente ha conjurado para ti en la noche. Por no mencionar que, para las personas creativas, los sueños a menudo pueden dar lugar a ideas nuevas e innovadoras para productos, escritos o proyectos.

Por eso, el mejor momento para registrar los sueños es a primera hora de la mañana. Nada más despertarse, la mente empieza a olvidar los sueños que ha hilado para ti durante la noche. Por eso, lo mejor es anotar cada pequeño elemento del sueño. No solo puede ser una actividad terapéutica al despertar, sino que también puede ayudar a captar cualquier pequeño detalle que se pueda perder si se espera. Hay sueños que se nos escapan de las manos cuanto más nos aferramos a la conciencia después de una buena noche de descanso, lo que no ayudará en el proceso de interpretación. Para interpretar correctamente los sueños, hay que registrarlos y hasta los detalles más pequeños pueden marcar la diferencia. Una serpiente que se desliza hacia una casa de campo en el bosque es muy diferente de un conejo que salta hacia la casa. Todo el contexto de un sueño puede cambiar en función del más mínimo detalle.

Para algunos, una aplicación para tomar notas funciona de maravilla para registrar los sueños. Para otros, sin embargo, lo ideal es un bolígrafo y un cuaderno. Para los que se distraen con facilidad, el teléfono puede ser demasiado tentador, con todas sus aplicaciones e insignias de las redes sociales. Si bien el teléfono es más rápido, un bolígrafo y un papel pueden ayudar a mantener la visión en la cabeza durante más tiempo y ayudar a mantener el cerebro centrado en las imágenes a medida que se desvanecen.

Capítulo Tres: ¿Qué significan tus sueños?

La parte más divertida de registrar tus sueños es interpretarlos. Con frecuencia, los sueños muestran símbolos o patrones que significan cosas que suceden en nuestras vidas. Pueden ser pequeñas pistas del mundo mental, del universo o de Dios que te indican el camino que debes seguir. El aspecto más importante que hay que recordar es que el único experto en ti eres tú. Será de vital importancia que te preguntes continuamente "¿qué significa esto para mí?".

Para alguien que vive en El Cairo, un escorpión puede significar algo totalmente diferente a lo que significaría para alguien que vive en Alaska.

<u>Cómo interpretar los sueños</u>

Ahora comienza la diversión. Para que resulte más sencillo, aquí tienes algunos pasos clave que te ayudarán a descubrir lo que tu yo interior está tratando de decirte.

Registra tus sueños. La parte más importante de la interpretación es registrar los sueños. Como se mencionó en el capítulo anterior, mientras más tiempo estamos despiertos, olvidamos los detalles clave. Al final, olvidamos todo el sueño, a menos que sea realmente gráfico e inolvidable.

Reconoce las emociones. A veces ocurren cosas en los sueños que nos hacen sentir de una manera determinada al despertar o nos hacen sentir de una manera determinada en el sueño. Puedes comparar lo que sientes durante el sueño con lo que sientes después de despertarte. ¿Son los mismos sentimientos? Si son diferentes, pregúntate por qué. Incorpora los pequeños detalles de tu sueño a las emociones y observa si tus sentimientos cambian.

Señala los puntos comunes. ¿Hay algo que aparece en tu sueño cada vez con más frecuencia? Puede ser un lugar, una persona, un objeto o un pensamiento. Un tema común al que vuelves una y otra vez, puede ser algo que necesites trabajar durante tus horas de vigilia.

Interpreta los pequeños detalles. Ahora es el momento de hojear el diccionario en las siguientes páginas y ver qué símbolos aparecen constantemente en tus sueños. Haz una lista de estas cosas y fíjate en cuáles aparecen con más frecuencia. ¿Aparecen múltiples signos y símbolos en tus sueños? ¿Qué podrían estar tratando de decirte estos signos? Esta será la parte más ardua y larga del proceso, pero merece la pena cuando finalmente descifres lo que te dicen tus sueños.

Interpreta todos tus sueños. Aunque nos inclinemos más por interpretar los sueños más gráficos o extraños, los sueños tontos o aburridos pueden darnos más información sobre tu vida. A veces, son las cosas más pequeñas e insignificantes de nuestro día a día las que más hay que modificar. Los sueños son a menudo un camino hacia una nueva perspectiva que nuestro yo despierto no puede percibir. Tal vez un sueño en el que te sientas en un aula que no has visto en varios años sea un mensaje para que te acerques a un amigo del instituto. O podría ser una señal de que volver a la universidad puede estar destinado a ti. No descartes los sueños porque parezcan aburridos o mundanos a primera vista.

<u>Símbolos y significados</u>

Para muchos, los sueños no son muy sencillos y requieren una mente muy afinada para obtener el mensaje correcto de estas imágenes codificadas. La siguiente es una recopilación de símbolos comunes que tienen significados genéricos que puedes aplicar a tus sueños. Sin embargo, estos símbolos no son en absoluto concretos. Para ti, los huevos pueden no significar problemas de fertilidad como para otra persona. Es imprescindible que utilices tu intuición a la hora de interpretar. Si el significado dado no encaja, intenta meditar sobre los símbolos y anota las primeras cosas que te vengan a la mente. Es probable que esas respuestas sean la forma en que ves el objeto o el concepto.

Abdomen. Cuando ves tu abdomen en un sueño, a menudo es un reflejo de los sentimientos viscerales que estás teniendo. Los factores de estrés que puedes sentir en tu interior podrían estar impulsándote en una determinada dirección. Ten en cuenta tus emociones cuando veas tu abdomen en el sueño.

Academias. Ver una academia o universidad en un sueño podría ser un significante de dos cosas: crecimiento personal y crecimiento académico. Tal vez busques a alguien que te ayude a desarrollar tu personalidad, tus habilidades o tu arsenal emocional. También podría ser representativo de un deseo de poner algunas habilidades académicas en su haber. ¿Hay emoción o miedo al ver la academia? Si tienes miedo de perseguir algo aunque lo desees, esto podría ser que tus sueños te empujen a abrazar el miedo y dejar que alimente tu impulso. Si has estado pensando en volver a la universidad y se te aparece una institución de educación superior, puede ser el momento de matricularte.

Alas. Como símbolo de libertad, las alas suelen aparecer en los sueños cuando nos sentimos protegidos. En un estado de seguridad, podemos desplegar nuestras Alas y volar, por lo que la aparición de las Alas está directamente relacionada con la satisfacción y la sensación de seguridad. El vuelo, para el que las Alas son herramientas, se asocia con el sueño lúcido, y por lo tanto las Alas también lo son.

Amarillo. Al igual que el sol, el color Amarillo se asocia con emociones brillantes y luminosas. La felicidad, la inteligencia y la iluminación son temas potenciales del color Amarillo. Cuando este color aparece mucho en un sueño, puede ser en cualquier cosa o el color de cualquier cosa, pero cada tipo de objeto puede significar cosas diferentes. En la ropa, el amarillo puede indicar cómo te ves a ti mismo o cómo ves el mundo. En las flores, el amarillo puede indicar pura alegría. Soñar que se escupe algo de color amarillo podría indicar una enfermedad, emocional o de otro tipo.

Arenas movedizas. La arena de cualquier tipo suele ser un signo negativo en los sueños. Las arenas movedizas, como su nombre indica, pueden ser un signo de un fuerte estancamiento o detención del progreso. Si te estás hundiendo en las arenas movedizas, tu subconsciente puede sentir que estás siendo absorbido por una lucha pasada, tropezando con algo o teniendo dificultades para dejar ir algo. ¿Hay alguien cerca con una cuerda? ¿Hay alguien que intenta salvarte? Si otra persona está intentando salvarte, tu subconsciente puede estar intentando decirte que puedes confiar en esa persona para que te ayude a salir. ¿Estás sujetando la cuerda y tratando de salvarte a ti mismo? Esto podría ser tu subconsciente diciéndote que puedes manejar la situación por ti mismo. Observa también el entorno. Si las arenas movedizas están en medio de una ciudad, esto podría indicar que la lucha o el obstáculo que detiene tu progreso puede venir de un lugar inesperado. Si el entorno parece apropiado para las Arenas movedizas, entonces tu subconsciente puede estar tratando de decirte que mantengas los ojos abiertos en las áreas problemáticas de tu vida.

Ascensores. Como medio de transporte que sube y baja, un ascensor tiene múltiples significados. Si el ascensor sube, puede significar que sientes que tu progreso hacia la salud mental o emocional avanza bien. Si el ascensor desciende, puede indicar lo contrario y que haya llegado el momento de reevaluar la forma en que abordas tu desarrollo mental y emocional. También es importante observar lo que ocurre en el ascensor. ¿Estás pulsando los botones y no te mueves? Tal vez tengas que preguntarte qué es lo que te impide iniciar el movimiento para llegar a la planta proverbial a la que deseas acceder. Si el ascensor se bloquea o se detiene repentinamente, es posible que se esté produciendo un problema en otra área de tu salud emocional que debe trabajarse antes de que el ascensor pueda pasar a esa planta en concreto.

Aviones. Como la mayoría de los vehículos, los aviones representan el cambio. Los aviones son el medio de transporte más rápido que existe en el arsenal humano, por lo que esto es indicativo de un cambio que se acerca rápidamente. Tal vez sientas la necesidad de cambiar de dirección en tu vida. ¿Tu trabajo es demasiado exigente o no lo suficientemente exigente?

¿Hay algo que necesitas cambiar? La emoción en un avión indica un deseo de cambio, mientras que el miedo y la ansiedad por el despegue podrían significar que no te sientes preparado para los cambios que se avecinan.

Ballenas. Dado que el océano o el mar se consideran el territorio del inconsciente profundo donde viven los sentimientos y las emociones desconocidas, las ballenas son mensajeras que traen el inconsciente a la superficie. Vislumbrar una ballena en un sueño es un empujón del subconsciente para bucear más profundamente en los pensamientos y sentimientos ocultos dentro de su mente.

Balsas. Al igual que los barcos, las canoas, los kayaks o cualquier objeto marino, las balsas indican cómo manejas tus emociones (ya que las emociones y el subconsciente están representados por el océano, el mar o los lagos). Los aspectos importantes que hay que tener en cuenta en los sueños con balsas son las condiciones del agua y su profundidad. ¿El agua es oscura y turbia? Esto indicaría que el subconsciente se está enfrentando a muchas cosas que acechan bajo la superficie y que puede ser necesario un mejor equipo para explorar esas aguas (el equipo podría compararse con la terapia, los medicamentos o la ayuda de otros profesionales). Las aguas claras podrían ser una garantía de tu subconsciente de que sabe exactamente con qué emociones estás luchando. ¿El agua es tranquila o turbulenta? Si se trata de rápidos, un maremoto o una cascada, tu subconsciente puede estar avisando de algunas emociones muy intensas. Si el agua está en calma, es posible que haya un trauma emocional persistente, pero su intensidad es baja. Tal vez esto se pueda resolver fácilmente, y tu subconsciente te está instando a ocuparte de esta emoción antes de que se convierta en el mencionado maremoto.

Bebés. Aunque algunas personas pueden sentirse inmediatamente inquietas ante la aparición de un bebé en sus sueños, esto no indica automáticamente la llegada de un embarazo, aunque sí puede hacerlo si estás intentando tener uno o estás pensando en tenerlo. A veces los bebés representan nuestro lado maternal o paternal, nuestro deseo de cuidar a los que nos rodean o el deseo de un nuevo comienzo. Siempre es importante tener en cuenta las emociones que estás teniendo durante el sueño, así como lo que está sucediendo con el bebé. Si el bebé tiene cólicos o llora, puede ser un reflejo de tu necesidad de amor y tu deseo de atención. Si eres tú quien cuida al bebé en un sueño, podría estar señalando un deseo de empezar de nuevo en un aspecto de tu vida.

Bellotas. Representando la fuerza y el desarrollo, las bellotas pueden verse en momentos especialmente difíciles. Sin embargo, las bellotas son algo bueno de ver. Las bellotas normalmente significan que estás afrontando las dificultades de tu vida de frente y con el fervor necesario. Sigue adelante. Esto también pasará.

Bodas. Las bodas, que representan los vínculos y el compromiso, suelen representarse en los sueños cuando el subconsciente quiere hablar de estos temas. Tal vez tu subconsciente te esté asegurando que estás listo para hacer ese compromiso. Los objetos, los sentimientos y los acontecimientos en un sueño pueden cambiar el contexto del sueño. Una tormenta que inunda una boda puede ser un mal presagio y el subconsciente te advierte de que pueden surgir emociones intensas si sigues adelante con el compromiso. Las bodas en sueños pueden no ser indicativas de una relación, pero pueden aparecer cuando cualquier tipo de compromiso está pesando en la vida del soñador.

Bostezo. Aunque algunos pensarían que el bostezo es más una indicación de cansancio, en realidad es una señal de que el subconsciente se siente perezoso. Puede ser que tu subconsciente quiera que experimentes algo nuevo. Tal vez tu subconsciente necesita rellenar su reserva de recuerdos, y esta es su manera de empujarte a crear otros nuevos para que los utilice. Recuerda que debes utilizar tus propias preferencias. A veces el sueño puede darte una idea de lo que debes hacer, pero sobre todo el propósito de soñar con un bostezo es estimular tus sentidos.

Búhos. En primer plano, los búhos sugieren sabiduría e inteligencia. A menudo son vistos como uno de los muchos guías espirituales en el reino mágico, los búhos son conocidos por su astucia y destreza. Soñar con un búho podría significar que tu subconsciente siente que encarnas estos rasgos. Otros significados del Búho son la perspicacia y las partes más oscuras de la psique. Como los búhos son criaturas nocturnas, a menudo representan lo que el subconsciente cree que debes ver. Toma nota de lo que hace el Búho. ¿El Búho se refiere a ti o a alguien que conoces?

Cajas fuertes. La función de una caja fuerte es mantener las cosas seguras. Esto podría ser tu subconsciente preguntándote qué cosas te importan de verdad, qué cosas necesitas mantener cerca. También podría ser una advertencia sobre el hecho de encerrarse emocionalmente. Observa cuidadosamente qué cosas hay dentro de la caja fuerte. ¿Hay reliquias familiares, dinero o fotografías? El significado de la caja fuerte puede cambiar en función de los objetos guardados en su interior. Pueden representar emociones, sentimientos, recuerdos o posesiones físicas. Una distinción importante es si la Caja Fuerte está rota y quién la ha roto. Tu subconsciente puede estar expresando tensión emocional por una traición percibida de la persona que rompe tu Caja Fuerte.

Caminar. Indicativo sobre todo de la visión subconsciente de tu camino y movimiento vital, Caminar es un signo universal. Esté atento al tiempo, al lugar y a las emociones del sueño mientras camina. Cualquier obstáculo o dificultad para avanzar podría ser la mente subconsciente que ve un problema con su movimiento en la vida. Considera si hay algo que te impide hacer lo que deseas en tu vida. Fíjate en si caminas solo, si caminas despacio o si estás en un entorno oscuro. Todo ello podría indicar obstáculos o sentimientos de aislamiento, retraso en el crecimiento o emociones difíciles.

Caída. Ninguna lista de temas oníricos estaría completa sin el tan común suceso de la caída. La caída, que representa la necesidad de estabilidad, es uno de los aspectos más preocupantes de los sueños. Si te despiertas con una sacudida a causa de la caída, es posible que necesites desesperadamente estabilidad. Cuando tropiezas, tus pies necesitan la seguridad de un suelo sólido bajo ellos. Al caer, tus pies no están en el suelo. Esto podría ser indicativo de cómo te sientes con respecto a ti mismo. ¿Sientes que tienes el control de tu vida y de tu mente?

Choque. Todo el mundo ha experimentado la misma sensación de caída mientras dormía, pero ¿qué pasa con los choques? A veces, el choque en un sueño es tan intenso que uno se despierta bruscamente, jadeando y mirando a su alrededor. Esto podría significar que algo en tu vida necesita detenerse inmediatamente o que la necesidad de detenerse está por llegar. Podría tratarse de una adicción o de un entorno laboral tóxico. La sacudida de parada puede ser una señal de que te están haciendo retroceder antes del impacto, lo que significa que esta "parada" en tu vida no te aplastará, pero puedes sentir el latigazo.

Prepárate para todos los aspectos y consecuencias del camino que tomes con respecto a este cambio en tu vida.

Cebras. Debido a los colores divididos de una Cebra, este animal significa equilibrio y espiritualidad. Soñar con una cebra podría ser la forma que tiene el subconsciente de decir que tus creencias pueden ser demasiado restrictivas en tu vida. Tu inconsciente puede querer un poco más de libertad que los estrictos límites que le impones. Fíjate también en lo que hace la cebra en el sueño. Si la cebra está pastando pacíficamente, esto indica un obstáculo planteado por tus creencias y límites. Si la cebra es agresiva contigo, podría ser el inconsciente el que te advierte de que las creencias pueden perjudicarte de alguna manera.

Ciervos. Casi siempre un buen augurio, los ciervos representan bendiciones y fortuna. Estas criaturas suelen ser dóciles y tienden a alejarse de la sociedad. Fíjate en cómo se comporta el ciervo en tu sueño. ¿Se acerca a ti? ¿Tienes que acercarte sigilosamente a él? Este comportamiento debería estar relacionado con la forma en que llegan tus bendiciones o fortunas. Tal vez la fortuna caiga en tu regazo, o puede que tengas que situarte estratégicamente cerca de tu fortuna. Ten en cuenta dónde se encuentra el ciervo. Si está en un lugar extraño para un ciervo, podría ser una señal de que su fortuna o bendiciones vendrán de un lugar inesperado.

Colegios. Todos los institutos suelen ser representativos de nuestro yo anterior. Lo que fuimos en nuestros años de formación son los cimientos de los adultos en los que nos convertimos. Las escuelas secundarias, o cualquier tipo de escuela, indican una parte de nosotros mismos que podemos sentir que ha desaparecido. Tal vez, cuando pienses en el instituto, anota las ideas y los pensamientos que te despiertan. Uno de los aspectos que falta puede ser algo que te gustaría volver a ver. Ten en cuenta que una escuela equivale a tu edad. Los institutos en sueños significan que tu subconsciente quiere que te concentres en el rango de edad en el que asististe a ese instituto.

Cremalleras. Soñar con una cremallera puede significar una de estas dos cosas. La primera es el descubrimiento de algo. Esto podría asociarse a la desnudez o a la confesión de una mentira. Hay que tener en cuenta quién abre la cremallera en el sueño. Si eres tú quien abre la cremallera de algo, una chaqueta, unos vaqueros, la funda de una almohada o incluso una mochila, podría significar que estás ocultando algún tipo de engaño. Si es otra persona la que abre la cremallera, su subconsciente puede pensar que le está ocultando algo y que debe confesarlo. El significado más conocido y fascinante detrás de una cremallera es la sexualidad. Desabrochar algo en tu sueño podría ser tu subconsciente diciéndote que seas más abierto en tus encuentros sexuales, que pruebes algo nuevo o que pienses en tu verdadera posición en el espectro sexual. Sin embargo, subir la cremallera de algo indica que estás levantando muros emocionales y bloqueando a la gente. Sin embargo, si la cremallera está dañada o hay una obstrucción, tu subconsciente puede estar tratando de indicar que hay un problema subyacente con la sexualidad que aún no has afrontado.

Una buena regla general es tomar el significado del color y el significado del objeto y mezclar ambos para entender lo que significa tu sueño específico.

Cuarentenas. Una nueva palabra favorita después de 2020, las Cuarentenas pueden haber adquirido un nuevo contexto onírico para muchas personas. El significado más común de una Cuarentena en un sueño es el aislamiento, emocional o de otro tipo. A veces este aislamiento no es algo bueno, pero otras veces sí. La única forma de saberlo con certeza es ver qué otros elementos aparecen en tu sueño. ¿Te estás alejando de una persona concreta? ¿Hay alguien golpeando tu puerta e intentando entrar? Esto puede ser tu subconsciente advirtiéndote que te alejes de esa persona porque la percibes como una amenaza. Otro significado potencial de una cuarentena podría ser el de apartar a una persona o un hábito de su vida. Fíjate en si estás hablando por teléfono o con otras personas. Si es así, es probable que la Cuarentena se refiera a un hábito o adicción. Un tercer significado posible es que no seas tú la persona en cuarentena, sino otra persona. Puede ser que tu subconsciente quiera que te acerques a esa persona por un problema que percibe que está teniendo - potencialmente un trauma emocional. Después de las recientes Cuarentenas en todo el mundo, las Cuarentenas en un sueño también podrían ser un miedo subconsciente a estar atrapado, aislado o solo. Toma nota de cómo te sientes durante esta Cuarentena. La felicidad y la satisfacción de las aficiones pueden indicar una necesidad subconsciente de espacio y tiempo para rejuvenecer. Las emociones negativas como la ansiedad, el nerviosismo o el miedo podrían indicar que tu subconsciente no quiere estar solo y requiere la ayuda de un sistema de apoyo.

Cuervos. Objeto de mucho escrutinio y poesía, el cuervo es un ave muy inteligente y astuta, aunque un poco voraz. Representando el apetito del subconsciente por la información, la presencia de Cuervos podría ser tu mente soñadora diciéndole a tu mente despierta que necesitas aprender más sobre un tema. El número de Cuervos podría ser la medida por la que su subconsciente quiere algo. Los cuervos también tienen malas cualidades. Conocidos por su naturaleza destructiva, soñar con cuervos puede ser una advertencia de tu subconsciente de que, para alcanzar tus objetivos, debes estar dispuesto a ensuciarte las manos, sea lo que sea que eso signifique para ti. Es el momento de consultar tu código ético. ¿Qué estás dispuesto a comprometer de ti mismo y de tu moral para conseguir lo que quieres? Toma nota de lo que hacen los Cuervos. Comer puede indicar que tienes que destruir algo para conseguir lo que quieres. Volar puede indicar la necesidad de perspectiva (para ver el panorama más amplio, por ejemplo). Reunirse en bandadas puede ser el deseo subconsciente de encontrar personas afines que le ayuden a alcanzar sus objetivos.

Cárcel. Una cárcel es algo restrictivo. Es una representación de sentirse atascado, atrapado o restringido. La presencia de un oficial de policía o de un guardia de la cárcel puede indicar que te sientes atrapado por alguien; tanto más perspicaz si el oficial es alguien que conoces. ¿Hay alguien en la celda de la cárcel contigo? Dependiendo de quién sea esta persona puede darte más información sobre lo que te hace sentir atrapado.

Demonios. En los sueños con demonios, nos vemos a nosotros mismos. Es posible que haya un aspecto de ti mismo con el que no estás contento que se ha manifestado como la representación de un demonio. Ten en cuenta cada pequeño aspecto del mundo que te rodea en este sueño. Pequeñas cosas como un reloj podrían significar que tienes un gran problema con el tiempo, un miedo, ansiedad o estrés que te hace comportarte de una determinada manera que consideras digna de expulsar.

Desastres naturales. Las tormentas de cualquier tipo suelen indicar turbulencias emocionales. Cuanto más intensa y destructiva sea la catástrofe natural, más intenso puede ser el sentimiento de tu subconsciente respecto a lo que está ocurriendo en tu vida. Mientras que la lluvia, el agua que fluye y los ríos indican una liberación de emociones, un desastre natural podría indicar la forma destructiva en que tu subconsciente quiere liberar las emociones. ¿Sientes el deseo de destruir cosas? Toma nota de las cosas que se destruyen en tus sueños. ¿Es tu casa? Si es así, esto podría indicar que tu subconsciente tiene algunos sentimientos turbulentos sobre tu entorno doméstico o sobre las relaciones con las personas de tu casa.

Desfiles. Un desfile es a menudo el símbolo subconsciente de una distracción. El subconsciente te advierte de que algo te está alejando de los objetivos y aspiraciones que te has marcado en la vida. A veces nace del miedo, un Desfile es indicativo de que necesitas volver a centrarte en lo que realmente deseas. Tome nota de las personas que aparecen en su Parada. Estas personas pueden ser aquellas que su subconsciente siente que le alejan de lo que realmente le importa. Las personas que están más al frente y en el centro son probablemente las personas con las que su subconsciente tiene más reparos. Si estás al frente y en el centro, este es tu sueño diciéndote que te estás estorbando a ti mismo, que estás perdido, o que no tienes aspiraciones en el momento actual. Toma nota de los colores del desfile. Las Paradas oscuras pueden tener temas oscuros, como la muerte, la pérdida y el luto. Cuando un desfile oscuro está presente en tus sueños, esto podría ser tu subconsciente señalando que hay personas y objetos en tu vida que te distraen del luto o de superar algún tipo de pérdida. La ruptura del corazón podría ser indicada por su subconsciente si los símbolos de ruptura del corazón están presentes. Los corazones rotos, las alianzas sucias o los marcos de fotos rotos podrían ser posibles señales. Los símbolos de desamor son muy particulares para cada persona o relación, así que infórmate de los tuyos escribiendo qué objetos físicos o acciones te vienen a la mente cuando piensas en ello. Un desfile de colores podría indicar que algo brillante o nuevo te está distrayendo de tus verdaderas aspiraciones. Como los colores están presentes, hay una clara falta de dolor, pérdida o malestar. En cambio, hay luz, felicidad y color. Esto podría ser el subconsciente sintiéndose abrumado por todo y advirtiéndole que busque de nuevo la estabilidad de sus aspiraciones. Observa cuidadosamente dónde termina el desfile. ¿Cuál es el lugar y qué significa este lugar para ti? ¿Es una ciudad grande y bulliciosa o un hogar de la infancia? Lo primero podría significar que la propia distracción puede ser un peldaño en tu éxito, mientras que lo segundo podría indicar la necesidad subconsciente de dejar ir el pasado para seguir adelante.

Desnudez. Estar desnudo es un símbolo directo que significa vulnerabilidad y exposición. Cuando sueñas que las personas que te rodean están desnudas, puedes sentir que las conoces más que antes. Puede ser el resultado de una conversación profunda en la que alguien te ha confiado o la sensación de cercanía con alguien. La vergüenza suele acompañar a este sentimiento, pero ten en cuenta si esta emoción está dentro del sueño o fuera de él. La vergüenza con la desnudez en el sueño puede indicar que te sientes incómodo con la cercanía que compartes con otra persona. La desnudez también podría ser un símbolo utilizado por tu subconsciente para pedirte que reevalúes cómo ves los aspectos de ti mismo que te desagradan o cómo te mantienes en las interacciones sociales.

Diamantes. La moral social dicta que los diamantes significan compromiso y una muestra de riqueza. Estos son dos posibles significados de los diamantes en los sueños. También depende de cómo veas personalmente los diamantes. Alguien que no tiene una reverencia por los diamantes probablemente no verá uno como una señal de compromiso. En general, recibir un diamante podría significar que estás listo para el compromiso, mientras que perder uno podría significar que esta relación no está lista para progresar. Ten en cuenta quién te da el diamante, cómo está engastado (anillo, collar, etc.) y el lugar donde se produce el intercambio o la pérdida.

Dioses/Diosas. Los dioses o las diosas aparecen a veces en nuestros sueños, ya sean de culturas antiguas, de tiempos bíblicos o sin nombre. Dado que los dioses suelen ser vistos como la perfección y la encarnación de una existencia superior a la de la humanidad, esto puede ser un ejemplo de algo que sientes sobre ti mismo o que deseas sentir sobre ti. Observa lo que hace el Dios o la Diosa. Si están haciendo algo amable o positivo, esto podría ser un reflejo de uno de tus rasgos más elitistas. Si el Dios o la Diosa es corrupto y se complace en algo negativo, puede que sientas que encarnas rasgos negativos. Las diosas, en particular, representan la energía femenina, que también puede extenderse a rasgos de crianza, amabilidad o madurez. Si te sientes positivo y feliz de ver a esta Diosa, puedes sentirte digno de estar en su presencia porque encarnas estos atributos bondadosos. Si estás asustado, ansioso o negativo, puedes sentirte indigno y que no posees estos atributos. Otro aspecto a tener en cuenta es que si el Dios o la Diosa se acercan a ti, ¿te están invitando a ser uno con ellos? Esto podría ser tu subconsciente diciéndote que posees más rasgos positivos de los que crees, y que debes abrazarte más.

El fuego. En las culturas antiguas, el fuego se considera un elemento purificador. Ver fuego en tus sueños podría significar tu necesidad de purificar algo en tu vida. La necesidad de arreglar, renovar o encontrar una pasión por algo podría estar indicada por la presencia del fuego. Algo a tener en cuenta son tus sentimientos sobre el fuego y lo que se está quemando. ¿Se está quemando una foto? La persona que aparece en la foto podría alejarse de tu vida y dejarte un sentimiento de purificación en su ausencia. ¿Se está quemando una reliquia de tu infancia? Esto podría ser una representación de tu renacimiento con una nueva chispa o pasión en la vida. Lo que el fuego está quemando es una pista contextual importante sobre lo que está significando. Una hoguera podría indicar una sensación de paz, mientras que un incendio en una casa podría ser un indicio de angustia emocional. Casi siempre, un fuego es un signo positivo, ya que indica una motivación, un impulso o la reanimación de una pasión.

Enfermeras. El papel de una enfermera es cuidar, lo que podría indicar que tu subconsciente te pide ayuda. Un sueño en el que te cuida una enfermera puede significar que tu subconsciente cree que hay una parte de ti que debe ser sanada. Si te conviertes en una enfermera, entonces tu subconsciente puede estar intentando transmitirte que tienes todas las herramientas que necesitas para curarte a ti misma o para proporcionar asistencia curativa a otros. ¿Qué estás haciendo en el sueño? ¿Estás curando a alguien que conoces o tal vez mirándote en un espejo? Si estás caminando por el pasillo de un hospital, tu subconsciente puede estar pidiéndote que te tomes el proceso de curación con calma y que resuelvas un aspecto de ti mismo a la vez.

Enredaderas. Las vides, una de las plantas más decididas del mundo conocido, son símbolos positivos. Representando la positividad y la motivación, las Enredaderas indican una fuerza y una necesidad de llegar a la cima. Sin embargo, si están en el suelo o te inmovilizan, podrían ser un signo negativo que significa que te sientes atascado o asfixiado. Ten en cuenta lo que está ocurriendo en el sueño, las personas que aparecen en el sueño o los objetos que aparecen en él. Si hay otros objetos atascados en las lianas, esto podría significar que el subconsciente está hablando de una situación en lugar de una persona.

Enterrado vivo. Ser enterrado vivo suena automáticamente como una pesadilla, pero es probable que haya más significado en ella. Puedes convertir esta pesadilla en un resquicio de esperanza, aunque no podemos cambiar la experiencia de tener que soñarla. Estar enterrado vivo sugiere estar luchando con demasiadas obligaciones. Equivalente a ahogarse o asfixiarse, se trata de tener demasiadas cosas en el plato y no tener suficiente tiempo para terminar nada. Sientes que no puedes recuperar el aliento bajo la constante tormenta de necesidades. ¿Hay demasiadas cosas que se te exigen en tu vida? Tal vez sea el momento de reducir algunas obligaciones hasta que pase la sensación de agobio.

Escuelas. Símbolo por excelencia del pasado, las escuelas pueden indicar traumas no resueltos de la infancia, oportunidades perdidas o inocencia. A veces, una Escuela también podría ser la forma en que tu subconsciente accede a recuerdos antiguos, reprimidos u olvidados para mantenerlos vivos. El factor más importante cuando se trata de una escuela en sueños es lo que está sucediendo. ¿Vas a clase? Esto podría indicar un deseo de volver a tiempos más fáciles. ¿Estás caminando por los pasillos vacíos? Esto puede ser su subconsciente utilizando viejos recuerdos o discutiendo un posible sentimiento de soledad. Si eres un profesor en una escuela llena de niños, puedes sentir que tienes mucho que enseñar a una persona más joven en tu vida. Ser profesor en una escuela vacía podría ser el deseo de compartir tus conocimientos con alguien, pero no tener ningún alumno al que educar.

Espejos. Un espejo refleja nuestra imagen y, por tanto, nos ayuda a ver quiénes somos realmente. Al conectarnos con nuestra visión subconsciente de nosotros mismos, los espejos son un objeto significativo que debes anotar en tu diario de sueños. ¿Cuál es el reflejo que ves en el espejo? ¿Eres tú o alguien que te gustaría ser? Si estás sonriendo a tu reflejo, esto podría indicar que estás contento con lo que eres y con el trabajo que has hecho en tu crecimiento. Si sonríes a un reflejo que parece ser un futuro tú, entonces estás contento con los pasos que has dado hasta ahora. Los sentimientos negativos en estos ejemplos indican que no estás contento con lo que eres o con los pasos que has dado. Los espejos rotos o destrozados no son buenas señales, a menudo son una indicación de que tu subconsciente está luchando con una desconexión entre tu verdadero yo y cómo te ves a ti mismo. ¿Existen defectos importantes que hayan provocado perturbaciones en tus relaciones? Investiga en tu interior y haz una lista de los rasgos negativos que te gustaría arreglar. Observa cómo se ven los espejos en los sueños futuros.

Fantasmas. El objetivo principal de los fantasmas es perseguir a algo o a alguien. Dicho esto, ver un fantasma en un sueño significa que hay algo o alguien que nos obsesiona. A veces esto significa que este tema está en nuestra mente todo el tiempo, mientras que otras veces significa que este tema está impulsando nuestras decisiones. Toma nota de quién es el fantasma, si es identificable. Esto podría indicarte quién es exactamente el que hace que tu mente se sienta tan estresada. Ten en cuenta también tu historia. ¿Crees que tienes algún trauma del pasado, recuerdos bloqueados o ansiedades ocultas sobre las que trabajar? A veces nuestro subconsciente sabe que hay algo que va mal, pero nuestro yo consciente no es consciente de ningún problema. Los pequeños detalles ayudan a reducirlo: el lugar, las personas que te rodean, la hora del día o las acciones de todas las partes implicadas. ¿El fantasma rompe cosas, te toca o simplemente se queda quieto? Si el fantasma está siendo destructivo, podría significar que la raíz del problema es perjudicial para ti. Si se queda quieto, puede estar haciéndote sentir incómodo y necesita que lo dejes ir.

Galaxias. Ver galaxias está en una línea similar a la de ver el espacio. Esto puede indicar la necesidad de espacio, la necesidad de un renacimiento lento o el deseo de viajar grandes distancias. Hay que tener en cuenta qué otras cosas están ocurriendo en el sueño. ¿Estás feliz, asustado o ansioso? Estos sentimientos podrían representar emociones en relación con las incógnitas de tu vida. Si estás con otra persona y te sientes negativo, ver una galaxia a su alrededor podría significar que necesitas espacio del otro o que necesitas empezar de nuevo.

Granizo. El agua, concretamente la lluvia o el llanto, representa una liberación de las emociones reprimidas. ¿Pero qué significa que el agua se congele? El endurecimiento de esta liberación en forma de granizo hace que las emociones no puedan escapar. El granizo es un indicador de la amenaza que suponen estas emociones cuando no se dejan escapar. Al representar la presión de las emociones difíciles y la incapacidad de expresarlas, a veces debido al entorno o a la falta de un confidente de confianza, el granizo indica que algo va mal y que hay que corregirlo. Tal vez deba buscar a un amigo para que le ayude a hablar de los problemas que surgen en su mente. Considera quién está en el granizo. ¿Alguien está siendo herido por el granizo? ¿Te está perjudicando a ti el granizo? ¿Si hay alguien allí contigo? Esto puede ser una indicación de que esta persona podría ser un daño colateral de la amenaza que tus emociones tienen sobre ti. Tal vez sea un aviso de un colapso emocional que puede evitarse con un buen consejero o acompañante.

Heridas. En los sueños, las lesiones son más indicativas de lo que ocurre en el interior. Las personas heridas suelen ser un signo de trauma emocional. Una herida en el pecho podría sugerir un dolor de corazón o un sentimiento de ruptura. Una lesión en las piernas podría significar una sensación de sentirse atascado o atrapado. Una lesión en los brazos puede tener que ver con la dificultad para desprenderse de algo.

Hielo. Así como el agua representa la liberación de la presión y las emociones, el hielo suele representar una obstrucción. Al igual que el granizo, el hielo puede significar la necesidad de derretir algo que te hace sentir atascado. Considera dónde se encuentra el hielo. ¿Se trata de carámbanos que cuelgan de las ventanas de tu habitación? Esto podría representar un peligro que se avecina debido a las emociones reprimidas, a una ruptura emocional o a una agresión. Si estás caminando sobre el hielo y no puedes ponerte de pie, esto podría ser indicativo de una percepción de falta, o pérdida, de control.

Hilo. Este símbolo se asocia más a menudo con mujeres mayores sentadas en una mecedora. Por lo tanto, el hilo representa la rutina. Cuando el hilo aparece en tus sueños, puede significar que estás aburrido de la monotonía de lo que llamas tu vida. Puede que haya llegado el momento de sacudir las cosas haciendo algo nuevo o diferente. Sin embargo, si el hilo está enredado y anudado, puede indicar que tu subconsciente se siente confuso, bloqueado o asfixiado. Esto podría ser una advertencia de que la monotonía puede causarle malestar emocional.

Huevos. Como se mencionó anteriormente, los huevos son un símbolo muy común y antiguo de la fertilidad. Muchas diosas utilizan o reciben huevos como parte de sus altares de sacrificio. Cuando un huevo aparece en tus sueños, no siempre significa tus posibilidades de tener hijos. A veces, esta fertilidad es creativa. ¿Hay algún proyecto que hayas pensado realizar? ¿Hay algún proyecto que esté dispuesto a emprender pero que no esté seguro de si debe dar el salto? Puede que sea el momento de dejar que eclosionen y disfrutar del fruto de tu trabajo en lugar de quedarte sentado en los huevos del nido, esperando.

Infidelidad. En su raíz, la infidelidad tiene que ver con la deshonestidad. Los sueños que incluyen la infidelidad pueden no estar relacionados con el engaño o el comportamiento adúltero. Puede que haya algo en tu vida que sientas que tiene indicios de deshonestidad. Pregúntate si estás siendo deshonesto con alguien o si sientes que alguien está siendo deshonesto contigo. Toma nota de quién está siendo deshonesto en el sueño. Si eres tú, puede que sea el momento de aclarar algo.

Islas. Normalmente asociada a una experiencia placentera, una isla representa la necesidad de disfrutar de las cosas sencillas de la vida mientras se intenta dejar de lado las ansiedades. Es posible que veas que te convienen unas vacaciones. Sin embargo, recuerda tener en cuenta el contexto del sueño. Si hay una tormenta o te sientes atrapado en la isla, quizá no te estés tomando algo lo suficientemente en serio.

Jardín. Un retiro o un paraíso para la persona que sueña, un jardín suele ser la manifestación física de su espacio seguro ideal. El follaje del jardín representa el crecimiento y el desarrollo, ya que las plantas están en continuo crecimiento. Si las plantas de tu jardín están marchitas o enfermas, podría ser una indicación de que necesitas dedicar más tiempo y atención a tus necesidades emocionales. Observa también qué animales están presentes en el jardín. Una serpiente, una araña o un dragón podrían significar un peligro o una amenaza para tu salud emocional en tu interior.

Joyas. Cuando hay joyas de por medio, es hora de pensar en las civilizaciones antiguas. A menudo consideradas como un símbolo de buena fortuna, bendiciones u opulencia, las joyas en tus sueños podrían indicar que sientes que algo bueno te ha llegado. Por otro lado, si las joyas están rotas o se rompen, esto podría indicar un sentimiento de pérdida, mala fortuna o pobreza. Observa también a quién pertenecen las joyas y quién las lleva o las rompe.

Jurados. Un jurado emite un juicio. Ver un jurado indica la sensación de que estás en juicio y necesitas defenderte de algo.

Si ha habido un acontecimiento reciente por el que sientes que estás siendo escrutado, quizás tu mente te está diciendo que lo dejes pasar o que te sinceres. ¿Se ha pedido al jurado que dicte una pena contra ti? ¿Estás en el jurado y sentenciando a otra persona? Estos son también detalles importantes a tener en cuenta. Si estás juzgando a otra persona, tal vez sientas que tiene que responder por algo, o tu subconsciente podría estar indicando que eres demasiado crítico con los demás.

Leones/leonas. Hay una razón por la que al león se le llama el Rey de la Selva. Los animales en sueños podrían significar que esa criatura en particular es tu Guía Espiritual. Piensa en lo que representa un león. Los leones, que suelen ser un modelo de justicia, valor, respeto y sabiduría, gozan de una gran consideración en los sueños. ¿A quién crees que representa el león? ¿El león está observando, atacando o cazando? La acción que realiza el león puede ser indicativa de cómo te ves a ti mismo o de un atributo que necesitas adoptar. Si el león está atacando algo, podría ser indicativo de la necesidad de proteger. ¿Hay algo o alguien en su vida que sienta la necesidad de proteger? Tal vez seas tú la persona que sientes que necesita protección. Las leonas desempeñan un papel fundamental en la manada. Como cazadoras y fieras cuidadoras del grupo, las leonas son el símbolo de la fuerza y el poder, así como de la maternidad. Cazar leonas podría significar que sientes que necesitas proporcionar algo a alguien. Si una Leona te trae algo, quizás hay algo que necesitas y que no sientes que tienes.

Limones. Los limones son un buen augurio. Los limones, que indican un deseo de vivir, pueden significar que tiene una pasión por la aventura, un entusiasmo por la exploración o los viajes, o un profundo deseo de experimentar todo en la vida. También representa tomar algo negativo y transformarlo en positivo. Si estás sosteniendo, comiendo o bebiendo de un limón, puedes creer que estos son atributos que tienes. Si estás recogiendo limones de un árbol, puede que estés en proceso de desarrollar estas características.

Llaves. Símbolo de exploración y descubrimiento, las llaves indican que podría haber algo oculto que necesita ser encontrado. Es importante tener en cuenta lo siguiente: ¿quién tiene la llave? ¿Dónde se encuentran los objetos cerrados? Si la llave la tienes tú o la utilizas tú, puede significar que has descubierto algo sobre ti o sobre otra persona. Si es otra persona la que tiene la llave, puede estar descubriendo algo sobre ti. La ubicación del objeto cerrado indica de quién se trata la información. ¿Es la casa de tu infancia? Si es así, la información podría ser un recuerdo reprimido. ¿Está el objeto cerrado en la casa de un amigo? Tal vez sientas que te están ocultando algo. Considera también el objeto o lugar que se revela con la llave.

Llorar. Al igual que cuando se gira el tapón de una botella de refresco que se ha dejado en el coche durante todo el día, el llanto supone una liberación. Piensa en ti mismo como la botella de refresco, y en el silbido que produce como tus lágrimas. Cuando se libera la presión, la botella es algo maleable y flexible. ¿Estás reteniendo algo en tu interior, lo que hace que la presión empiece a provocarte malestar emocional y físico? Considera el contexto del sueño: ¿con quién estás, qué estás haciendo y cuáles son las emociones que estás teniendo? ¿Qué emociones está tratando de manejar tu yo dormido?

Lujuria. Soñar que te invade la lujuria puede ser divertido, pero a menudo significa que te falta algo. La lujuria puede significar que hay una incompletud que podemos estar sintiendo pero no somos conscientes de lo que nos falta. También es un signo de saciedad, la lujuria puede significar que no te sientes satisfecho con algo en la vida. Algunos ejemplos son el trabajo, la relación o las aficiones. Estar poseído por una emoción lujuriosa también podría indicar una percepción de falta de control en la vida. ¿Sientes que estás impulsado por fuerzas fuera de tu control o que tienes poco control en tus aspectos más íntimos? En un contexto más directo, la Lujuria intensa podría ser tu subconsciente diciéndote que necesitas controlarte un poco más y quizás buscar la intimidad hacia dentro en lugar de hacia fuera.

Magia. Un signo positivo, la Magia indica la exploración y el descubrimiento de las partes ocultas de nuestra psique. La magia simboliza la maleabilidad, el cambio y la transformación. También puede significar desarrollo y crecimiento personal, pero es más relativo al descubrimiento de nosotros mismos y de nuestra felicidad. Cuando en un sueño, si utilizamos un objeto para conducir la Magia (una varita, un bastón u otro objeto), la indicación es que estamos controlando activamente la Magia. Con esto bajo nuestro control, el descubrimiento es todo nuestro y podemos cambiar nosotros mismos y todos los aspectos de nosotros a voluntad. Cuando la Magia es utilizada por otra persona en tu sueño, la indicación es que sientes que hay poco control sobre la transformación.

Mansiones. Al igual que los pasillos, las mansiones tienen muchas habitaciones y funciones. Las numerosas habitaciones indican recuerdos, experiencias o partes de la psique de las que la mente consciente puede no ser consciente. Cuando entras en una habitación de una mansión en sueños, puede indicar un recuerdo reprimido, una memoria antigua o una parte de tu ego o de tu mente que ha sido olvidada durante mucho tiempo. Asociado a las finanzas, cuanto más elegante sea su mansión, más riqueza puede desear. Los estilos de mansiones de aspecto antiguo pueden indicar el pasado, mientras que los estilos de aspecto más nuevo pueden indicar tu presente o tu futuro, tal como lo percibes. Observa cómo te sientes al entrar en la casa.

¿Hay nostalgia? ¿Sientes que hay esperanza? Estas respuestas pueden ayudarte a delimitar si la mansión indica tu pasado, tu presente o tu futuro. Considera quién está en tu mansión. Las personas que se encuentran en tu mansión pueden tener más confianza en ti. Las personas que se encuentran en las habitaciones más cercanas a la puerta de entrada tienen menos confianza, mientras que las que están más cerca del centro o de tu dormitorio tienen la mayor parte de tu confianza. Las personas que están fuera de tu mansión no tienen nada de tu confianza. Otra distinción es si la mansión está embrujada. Un embrujo en una mansión podría encarnar un obstáculo en la forma en que ves tu vida, la estabilidad o la seguridad financiera.

Mariquita. Una mariquita representa la buena suerte y el atractivo. Una mariquita que se posa sobre ti es vista como buena suerte y, por lo tanto, ver una en tu sueño puede tener un significado similar. El color también es importante. Las mariquitas blancas pueden indicar pureza, mientras que las rojas pueden significar pasión. Esto no significa necesariamente que vaya a tener o no una pareja. La pureza o la pasión tienen un sentido metafórico. La pureza, en este caso, significa que puede verse con un nivel de honestidad, lealtad y ética. La pasión podría estar en líneas de un hobby, la creatividad, o algo de profunda importancia digno de su tiempo.

Mascotas. Los principales significados de las mascotas son el amor incondicional y la lealtad. También pueden ser la forma subconsciente de indicar los instintos y los deseos primarios, pero estos son menos comunes. Por lo general, las mascotas son la forma que tiene el sueño de decir que algo o alguien tiene un aspecto de amor y lealtad hacia ti. Las personas de tu vida podrían presentarse como una mascota. Incluso tú, el soñador, podrías estar representado como una mascota. Piensa en lo que ocurre en el sueño y en quién es la mascota. ¿La mascota o las mascotas le llevan a alguna parte? Si es así, ¿en qué lugar acabas? Es importante responder a estas preguntas, ya que le darán más contexto al sueño. Ser guiado a través de un bosque nebuloso podría indicar que el subconsciente está confundido en su dirección en la vida, mientras que ser dirigido a través de las calles de la infancia podría indicar una necesidad de dejar ir el pasado. Estudia tus sentimientos sobre los Guías Espirituales. Las Mascotas más comunes son los gatos y los perros, que son Guías Espirituales muy destacados. Esto puede ser la llamada del subconsciente para que adoptes ciertas cualidades de la Mascota que te guía.

Matar. Matar puede ser algo bueno o malo. A veces, tenemos que eliminar algo de nuestras vidas y cuando soñamos que esa cosa es asesinada, es un reaseguro de nuestro subconsciente de que este es un buen camino para nosotros. Ten en cuenta la cosa que se mata. Matar una serpiente puede representar la eliminación del engaño de tu vida. Matar una araña, sin embargo, puede representar la muerte de una parte de tu creatividad, lo que puede ser bueno para ti o no. Si eres tú el que mata, ten en cuenta cómo te sientes al respecto. Si experimentas negatividad mientras realizas el acto, esto puede indicar que no deberías purgar esta cosa de tu vida. Si otra persona está matando algo tuyo, puedes sentirte víctima de esta persona y que está sometiendo partes de ti.

Meteoros. Cuando pensamos en meteoros, a veces pensamos en estrellas fugaces, en las que deseamos. Indicativo de los deseos, el significado del sueño se reduce a lo que le ocurre al meteorito. ¿El meteorito estalla en la atmósfera? Esto podría significar que el deseo puede empezar a hacerse realidad, pero no de la manera que querías. Si el Meteoro aterriza en tu propiedad, esto podría ser una señal totalmente positiva de que tus deseos podrían hacerse realidad. ¿Y si el Meteoro aterriza en tu casa o en tu coche, causando muchos daños? El significado podría ser que estás anticipando un deseo que se hará realidad, pero que vendrá con sus propias luchas. Prepárate emocional y físicamente para lidiar con el polvo que se levanta por el impacto del deseo.

Naranjas. Asociada a muchas cosas, como la riqueza, el éxito y la creatividad, la Naranja representa estrechamente el chakra sacro, el segundo de los siete chakras, situado justo encima del naval. Ver una Naranja en tus sueños podría indicar satisfacción y felicidad, a menos que, por supuesto, la estés alcanzando y desaparezca. ¿Qué ocurre con las naranjas? ¿Están acompañadas de otras frutas? ¿Sostiene, come, vende o aplasta una naranja? Sostener y comer una naranja podría ser indicativo de tu propia felicidad y satisfacción. Vender naranjas podría significar que sientes que sabes cómo hacer felices a otras personas, o que tienes algo que ofrecer a alguien para que sea feliz. Aplastar o destruir una naranja podría significar que estás saboteando tu propia felicidad y entorpeciendo tu propio camino. Fíjate en quién más está en el sueño, si hay Espejos involucrados, o si otras personas están comiendo las naranjas también.

Oasis. Un oasis es un símbolo de esperanza, salvación y refresco. Generalmente ubicado en un desierto, un Oasis es a menudo lo que alguien que viaja a través de la arena se aferra para sobrevivir. Un oasis en tu sueño puede ser tu subconsciente pidiéndote que te aferres a algo o a alguien como salvavidas para superar un momento difícil. Fíjate en los objetos que pueden estar desperdigados tanto en el desierto como en el oasis del sueño. Puedes determinar qué habitación o lugar representa el oasis basándote en los objetos que hay en él. Si tu cama está en el oasis, entonces tu dormitorio puede ser un lugar seguro para que te explores. Si hay personas en tu desierto, entonces tu subconsciente puede ver a estas personas como contribuyentes a tus sentimientos negativos. Estos sentimientos, indicados por el desierto o la arena, podrían incluir la soledad, la vergüenza o el bochorno.

Océanos. Como todas las formas de agua, el océano conecta con el subconsciente emocional mientras sueñas. Mientras que el llanto significa una liberación de la emoción, los océanos se refieren más bien al colectivo de lo que no conocemos y que permanece en nuestro subconsciente. Todo lo que se ve bajo la superficie puede ser indicativo de aspectos en tu subconsciente. Piensa en lo que estás viendo. ¿Estás buceando, haciendo snorkel o nadando en un océano? Esto podría significar que sientes que estás en proceso de explorar tu subconsciente. Toma en cuenta si estás contento con lo que encuentras. ¿Estás en un barco, patinando sobre la superficie del agua? Esto podría indicar que, subconscientemente, crees que no estás buscando a través de ti mismo de forma muy profunda, optando por solo mirar hacia dentro en lugar de nadar (o por ordenar a través de él con un enfoque práctico). Las personas que siguen una terapia de salud mental, por ejemplo, pueden verse a sí mismas nadando en el océano más que las que no siguen una terapia. ¿Hay personas bajo la superficie del agua? Las personas que están en el agua podrían ser figuras importantes en tu subconsciente, en tu visión del mundo o en cómo te ves a ti mismo. También puede haber objetos flotando en el océano. Los naufragios, los barcos submarinos o los barcos fantasmas podrían ser la visión que tiene tu subconsciente de una relación que no terminó bien o que tiene una fisura. También es importante tener en cuenta el color del océano. Cuanto más oscura es el agua, menos sabes quién eres. Si estás nadando en un océano azul cristalino, disfrutando felizmente de las olas, puede que hayas descubierto exactamente quién eres.

Ovnis. El símbolo por excelencia de lo fuera de este mundo, lo desconocido o lo que da miedo, los ovnis suelen simbolizar que tu subconsciente se enfrenta a algo completamente fuera de lo común. Si ves un OVNI, puede que te sientas estancado en tu vida y anheles poner los pies en el suelo en un proyecto. Si es un extraterrestre en un OVNI, puede que se sienta como un extraño en alguna situación. Considera qué objetos y lugares aparecen en el sueño y a qué situaciones puede referirse tu subconsciente.

Pasillos. Un pasillo tiene muchas puertas. Esto podría ser tu subconsciente decidiendo a cuál de tus recuerdos acceder. También es representativo de las reuniones, y al igual que un hotel, esto podría ser una señal de diferentes personalidades que se amoldan entre sí. ¿Estás construyendo aspectos de ti mismo a partir de otras personas? Esto no es algo malo, pero sea consciente de qué partes toma de otras personas. Ten en cuenta si el pasillo está lleno o vacío. Si el pasillo está vacío, tal vez un recuerdo olvidado desea resurgir, o sientes que necesitas añadir algo a tu vida social.

Payasos. Aunque muchos albergan un miedo a los payasos, estos personajes fueron creados inicialmente para traer felicidad y diversión. Normalmente, la aparición de un payaso en tus sueños es una recomendación para que dejes de lado el miedo y la ansiedad, así como para que intentes reír un poco más. ¿Qué hace el payaso? ¿Adónde va? Tal vez las respuestas a estas preguntas te den el contexto para saber qué aspectos de tu vida debes soltar.

Peces. Dado que los peces viven en el agua, se asocian con las partes profundas e inconscientes de nosotros de las que ni siquiera somos conscientes. Lo exótico y extraño de un pez es la medida de su representación en nuestro subconsciente. Un pez pescador o un calamar colosal podrían estar indicando algo sobre nuestro inconsciente más profundo del que no éramos conscientes. Debes estar atento a lo que hace el pez. Si el pez habla, camina con patas o respira aire, tu subconsciente puede estar tratando de decirte que eres capaz de cosas que tu yo despierto puede considerar imposibles. Aparte de representar nuestro yo más profundo, los peces son parte integrante de casi todas las culturas de la historia antigua. Los peces significan abundancia, alegría y bendiciones. ¿Captura muchos peces en una red? ¿Estás en una plataforma de pesca en alta mar? Ambas cosas pueden sugerir que sientes que estás ganando muchos recursos físicos o emocionales. Tal vez tu vida esté llena de bendiciones que tu ser consciente no puede ver.

Peleas. De forma bastante obvia, una Riña en un sueño puede indicar que el subconsciente se siente negativamente sobre alguien en su vida, la persona con la que puede estar discutiendo. Sin embargo, esto puede ser más indicativo de que estás luchando contigo mismo y con tu propia expresión.

Perlas. Se considera que es increíblemente afortunado encontrar una perla en la naturaleza. Por ello, las Perlas indican tanto riqueza como suerte y, por extensión, éxito. Signo de riqueza, incluso en sueños, las Perlas pueden ser el símbolo subconsciente de la calma, la paz y la generosidad. El significado, sin embargo, puede cambiar según el contexto. Un collar de Perlas puede significar lealtad y se debe considerar cuidadosamente quién lleva el collar y lo que esa persona significa para ti. Otro significado de la Perla puede ser el de proteger a los niños. Considera si hay niños presentes en tu sueño, si tú eres el niño, o si le das una perla a un niño. Esto puede cambiar el contexto del sueño para mostrar si estás nutriendo a alguien o si alguien te está nutriendo a ti. Tal vez tu subconsciente quiera hacerte ver que alguien está haciendo más por ti de lo que crees.

Perros. Aunque los perros pueden representar el compañerismo y la lealtad, también pueden representar los instintos más innatos dentro de ti. Si eres el tipo de persona que anhela una compañía o una relación a largo plazo, la aparición de un perro en tu sueño puede estar tratando de decirte que tengas paciencia, especialmente si es un perro tranquilo y vigilante. Un perro que olfatea, como si buscara algo, podría ser una señal de que necesitas algo que no puedes localizar. Es más que probable que se trate de una idea abstracta (amor, afecto o fuerza). Si el perro es juguetón y disfruta jugando contigo, este sueño podría referirse a dejar de lado los factores de estrés y a vivir el momento, una señal sutil para dejar de dejar pasar los pequeños momentos sin disfrutarlos.

Pianos. El piano es el más importante de los instrumentos musicales sofisticados. Vinculado a artistas clásicos como Debussy y Mozart, el piano es un signo significativo para el subconsciente. Representante del subconsciente, la creatividad, el control y la maestría, el Piano suele aparecer cuando sentimos que necesitamos más control sobre nuestras vidas, o sentimos que encarnamos el control y la maestría. Esto depende en gran medida de quién esté tocando el piano y de lo que estemos haciendo en el sueño. ¿Estás estudiando el piano y recibiendo un mentor? Entonces puedes sentir que estás aprendiendo a tomar las riendas de tu vida y que la persona que te enseña te está enseñando cómo hacerlo. ¿Hay un gran público observando tu actuación? El subconsciente podría estar nervioso por la cantidad de ojos que hay sobre ti y tus acciones. Un error en las teclas mientras estás frente a una multitud podría indicar una falta de confianza. Si estás solo mientras tocas, entonces puedes tener más concentración y atención en ti mismo, eligiendo bloquear las opiniones e inserciones de otros en tu vida. Dado que las Teclas del Piano son "llaves", éstas podrían indicar el desbloqueo de algo, volver a empezar o renacer también. Toma nota de cómo ves las teclas y cómo se ven tus dedos al tocarlas. Si algo se ve fuera de lugar, puede que quieras considerar si sientes que estás fingiendo alguna emoción o viviendo una vida auténtica.

Playas. El mar se utiliza a menudo para describir nuestra mente subconsciente, mientras que la tierra representa nuestra mente consciente. Por ello, la orilla es el lugar donde ambos se encuentran. Estar en la playa puede ser una señal para sumergirse en lo desconocido y aprender más sobre las joyas ocultas de tu propia psique. Deja que las olas de emociones y acontecimientos te arrastren mientras buscas partes de ti mismo ocultas en tu subconsciente. Quizás sientas que no sabes quién eres o quién creías que eras. O puede ser una indicación para dar un paso atrás y relajarse mientras intentas comprenderlo todo. Aunque es una práctica desalentadora, es fundamental para encontrar un equilibrio más seguro dentro de tu psique.

Rayos X. Una radiografía significa ver a través del exterior, o a través de la superficie. Ver una radiografía en un sueño podría ser un indicio de un engaño o una traición que debe ser superada. Fíjate en quién se hace la radiografía, en el lugar donde se hace y en qué parte del cuerpo se hace la radiografía. Estas preguntas te ayudarán a determinar si tu mente subconsciente está dirigiendo a tu mente consciente hacia un engaño, una traición o un conocimiento oculto que necesita atención.

Redes. Cuando un pez queda atrapado en una red, se ve como el principio del fin para él. Las redes representan la sensación de estar atrapado, atascado o capturado. Las redes pertenecen al agua, que indica tu liberación inconsciente o emocional. Por lo tanto, las redes podrían estar íntimamente ligadas a la sensación de estar atrapado específicamente por tus emociones o sentimientos enterrados en tu interior. Una red en tierra firme puede indicar que hay un asunto del que ya eres consciente y que necesita ser tratado. ¿Hay algún trauma emocional o acontecimiento de la vida que no hayas superado? Fíjate en quién te acompaña. ¿Eres tú el pez que está siendo capturado? ¿La red está en tierra firme o en el agua? ¿Alguien que conoces está echando la red sobre ti? Las personas que aparecen en tu sueño pueden indicar que tu subconsciente cree que tienen algo que ver con tus sentimientos atascados o atrapados.

Reinas. Una reina es regia y poderosa. Un sueño en el que aparece una reina suele indicar una influencia subconsciente. ¿Eres la Reina? Tal vez tengas una habilidad natural para la diplomacia que tu subconsciente está tratando de alabar. Esto incluiría también la capacidad de utilizar la información con sabiduría. Al verse como una Reina, su yo soñador puede estar diciéndole que se puede confiar en ti para guardar secretos, guiar a otros en una buena dirección y liderar. Si otra persona es la Reina en tu sueño, tu subconsciente puede estar tratando de indicarte que necesitas encarnar más los atributos regios y poderosos de una Reina. Si ves a una Reina en el reflejo de un espejo, esto podría significar que deseas tener más poder y autoridad. La felicidad que se muestra en ese reflejo puede significar que estás en camino de conseguir estos atributos. La Reina en tu sueño también puede ser alguien a quien admiras profundamente. Toma nota de quién es y enumera los atributos de esta persona que te gustaría encarnar.

Relojes de arena. Un reloj de arena es otra representación del tiempo. Los granos de arena parecen más lentos, lo que significa que te preocupa que algo se esté acercando a ti. ¿Se acerca una fecha de vencimiento? ¿Quizás el final de algo que podría estar en el horizonte le está causando un estrés excesivo? Echa un buen vistazo a tu calendario.

Relojes. Aparte de la obvia ansiedad por el despertador de la mañana o la falta de sueño, los relojes representan todos los aspectos de la interpretación del tiempo. Si en tu sueño estás con otra persona, podría ser una manifestación del miedo a no tener todo el tiempo que quisieras con esa persona. Un reloj podría estar sugiriendo que estás buscando algo en tu vida. Presta atención a lo que ocurre con el reloj, a quién lo lleva o a lo que dice la esfera. Cualquiera de estos aspectos podría cambiar el contexto del mensaje.

Reno. Un signo positivo, el Reno es conocido por la orientación. Especialmente relacionado con situaciones sociales, amistades o reuniones, el Reno indica que tu subconsciente puede desear un cambio en tu círculo de amigos. No es que estos amigos sean malos, sino que puede haber más perspectivas, amistades o relaciones que podrían ofrecerte más positividad en tu vida. Otro aspecto de un Reno es escuchar y observar. Tu subconsciente puede estar advirtiéndote que hagas más estas actividades. ¿Eres más de hablar o de escuchar cuando un amigo está contando una historia? Si te encuentras interrumpiendo mucho, hablando por encima de la gente, o hablando más que escuchando, un Reno podría ser tu subconsciente diciéndote que escuches más intencionadamente.

Reptiles. Los reptiles son conocidos por requerir condiciones de vida muy específicas debido a su naturaleza de sangre fría. Como son de sangre fría, tus sueños pueden indicar que alguien en tu vida está siendo frío contigo o quizás tú estás siendo frío con otra persona. Tu subconsciente podría estar pidiéndote que seas consciente de las personas que te rodean y del efecto que tienen en tus niveles de energía y salud emocional. Una buena señal sobre los reptiles en los sueños es que pueden representar una piel gruesa, lo que significa que no dejas que las cosas te afecten demasiado.

Rey. Un rey es un hombre fuerte con características de opulencia, fuerza y poder. Cuando te expresas como un rey en tus sueños, tienes el máximo control. Puedes sentir que puedes manejar cualquier desafío que se presente. Si estás viendo un traje de rey, pero no lo llevas puesto, tu subconsciente puede estar diciéndote que estás a punto de alcanzar estos atributos, o que tienes un profundo deseo de tenerlos.

Rostros/desnudez. Uno de los temas más comunes en los sueños es el de ver un rostro o ver a un ser querido, o a uno mismo, sin rostro. Cuando vemos un rostro en nuestros sueños, es indicativo de conocer la identidad o la personalidad de una persona. Si en tu sueño estás haciendo una rutina de cuidado de la piel, sonriéndote o acicalándote, es probable que sea una representación de cómo te sientes respecto a tu progreso en tu crecimiento y desarrollo personal. Si sueñas que te arreglas con los productos para el cuidado de la piel, puede representar que no tienes confianza en tu progreso. Del mismo modo, soñar que otra persona se asea o que tú te aseas, es indicativo de su progreso en su desarrollo o de su mano en el tuyo.

Cuando vemos a nuestros seres queridos sin rostro es casi siempre indicativo de una falta de comprensión de esa persona. Si un ser querido o incluso tú mismo no tiene rostro, estás luchando por comprender a esa persona o a ti mismo. Podría indicarse una falta de identidad o de personalidad. Tal vez sea necesario pasar un buen rato con la persona sin rostro. O puede que sea el momento de mirar hacia dentro si tú eres la persona sin rostro.

Sal. Con el significado de protección, curación, buena suerte y preservación, la sal podría ser una forma subconsciente de mostrar que sus emociones negativas se están convirtiendo en emociones positivas. Al igual que la búsqueda de un resquicio de esperanza en las situaciones negativas, la presencia de la Sal podría ser la forma que tiene tu subconsciente de asegurarte que las cosas irán bien. Observa también lo que ocurre con la Sal. Si estás haciendo una línea o un círculo, esto podría ser tu mente discutiendo la necesidad de límites con alguien o algo. Sé consciente del entorno, las personas o las cosas que hay en la zona donde estás haciendo la línea o el círculo de la sal.

Sangre. A veces, la presencia de sangre en un sueño puede hacer que el sueño parezca automáticamente una pesadilla, pero no siempre es algo malo. La sangre es inherentemente indicativa de nuestra energía y fuerza vital. Cuando es tu sangre la que se derrama, podría ser señal de la necesidad de retirarte y cuidarte; un día de spa, un día para dormir o un día sabático en el trabajo podría ser el deseo interior que se expresa. A veces, el derramamiento de sangre de otros podría significar que sentimos que no estamos recibiendo suficiente energía de una persona en una relación. La sangre también se equipara a veces con la codicia. Cuando la sangre se derrama violentamente, esto podría ser un discurso de una acción impulsada por la codicia en tu vida que puedes necesitar para expiar; o si eres el que está siendo herido, esto podría ser una señal para dejar ir la acción codiciosa que alguien tomó que te victimizó.

Selvas. Al igual que el océano, una selva representa lo desconocido en tu mente inconsciente. Un poco más peligrosa que el océano, la selva está plagada de criaturas, es una vasta extensión en la que perderse y tiene una densa vegetación. Esto podría ser indicativo de que sientes que tienes demasiados pensamientos que te hacen sentir abrumado y perdido. Los objetos que encuentres en la selva podrían dar contexto a las cosas que te hacen sentir abrumado en tus propios pensamientos. Los animales de la selva podrían ser potenciales Guías Espirituales para aquellos que creen en ese tipo de cosas o, podrían indicar tu nivel de ferocidad.

Sombrillas. Como la lluvia es una representación de la emoción, o de sacar las emociones, un paraguas es la protección de uno mismo de las emociones de los demás. Ten en cuenta quién más está en tu sueño. ¿Hay alguien que provoca la lluvia? Esto es tu subconsciente advirtiéndote que te alejes de involucrarte en los problemas emocionales de otra persona. Por otro lado, si le ofreces un paraguas a alguien, tu subconsciente puede estar diciéndote que puedes ayudar a otra persona a encontrar su sol.

Tarántulas. Las arañas, en general, representan la energía femenina y la creatividad. Sin embargo, a veces representan el lado oscuro y desconocido de nuestra psique. Cuando una Tarántula está presente en un sueño, tu subconsciente está discutiendo sobre tu creatividad, intuición o energía emocional. ¿La Tarántula te está atacando o está en paz contigo? Esto indica tu estado subconsciente actual con estos aspectos de tu vida.

Tatuajes. Un tatuaje es prácticamente eterno, lo que significa que un tatuaje en tu sueño es algo que ha dejado una marca permanente en ti. ¿De qué es el tatuaje? Anota en tu diario de sueños lo que significa para ti el símbolo del tatuaje. Anota dónde está el tatuaje. ¿Está cerca de tu corazón? ¿El tatuaje es visible para todo el mundo con tu ropa de diario? Estas preguntas indican lo importante que es para ti la situación representada por el Tatuaje, y si otras personas conocen la situación.

Teléfonos. Los sueños con teléfonos tienen que ver con la comunicación. Si la línea se rompe, cruje o, en general, no coopera, podría ser una señal de tu subconsciente de que tu comunicación con la persona del otro lado es problemática. Probablemente sea un buen momento para discutir su relación con esta persona.

Terremotos. Durante un terremoto, los propios cimientos de la Tierra se están moviendo. La presión hace que la corteza se mueva de forma potencialmente catastrófica. Lo mismo ocurre con las emociones que enterramos en lo más profundo. Cuando la presión de mantener esas emociones y sentimientos enterrados se vuelve demasiado para que puedas soportar, tus cimientos comienzan a cambiar. Esto simboliza la necesidad de liberar la presión y enderezar los cimientos de tus creencias inconscientes antes de que la presión te haga caer.

Tumbas. Las cosas que se encuentran en las tumbas pueden considerarse enterradas o muertas. Soñar con una tumba puede significar que su subconsciente le devuelve la vida a un asunto que antes creía desaparecido, guardado o resuelto. Otras veces, las tumbas pueden ser el subconsciente discutiendo cosas ocultas. Viejos recuerdos, conexiones ocultas entre eventos importantes de la vida, o emociones enterradas podrían ser lo que su subconsciente está trayendo a la mente. Considera todos los demás acontecimientos del sueño. La ubicación, los objetos en la tumba o los nombres en las lápidas son detalles clave importantes a tener en cuenta.

Unicornios. Como criatura mítica, el unicornio es un símbolo de esperanza, de mística y de alto nivel. Es la encarnación de alcanzar las estrellas y negarse a conformarse con menos. Esto podría ser su subconsciente dándole la seguridad de que su futuro se ve bien, y que la buena fortuna va a venir a su manera. Considera otros objetos en tu sueño, ya que podrían cambiar el contexto del sueño. ¿Estás montando el unicornio? ¿Te está echando el Unicornio? ¿Solo has podido dar una única palmada al Unicornio antes de que salga volando? Cuanto más cerca estés del Unicornio, más te tranquilizará tu subconsciente. Sin embargo, tú eres quien mejor puede juzgar lo cerca que está.

Uniformes. A menudo, un Uniforme se asocia con un sentimiento de aislamiento. Esto podría ser su subconsciente haciéndole saber que se beneficiaría de estar involucrado en un grupo de algún tipo. O podría ser que tu subconsciente intenta advertirte sobre la pérdida de tu individualidad. Ten en cuenta el contexto del sueño. ¿Destacas de alguna manera, sin uniforme o con un uniforme de aspecto extraño? Esto probablemente indica el primer significado. Si tu Uniforme es exactamente igual al de los demás y te sientes infeliz en el sueño, puede que sea esto último lo que tu subconsciente quiere que tengas en cuenta.

Vampiros. Generalmente un presagio negativo, los vampiros en un sueño indican que alguien a tu alrededor puede estar chupando la energía de ti. Observa lo que estás haciendo con el vampiro. ¿Te acercas y le ofreces tu sangre? Esto podría ser tu subconsciente diciéndote que eres un participante voluntario en el drenaje emocional que otra persona te hace. Si eres un Cazador de Vampiros o matas a un Vampiro de alguna manera, esto es una señal positiva. Tu subconsciente te está diciendo, en este caso, que estás haciendo un buen trabajo purgando tu vida de personas negativas y malos hábitos.

Vender. A veces, cuando estamos vendiendo algo en nuestros sueños, es nuestro subconsciente tratando de hacernos conscientes de cómo nos percibimos a nosotros mismos. Si estamos vendiendo algo, podríamos estar tratando de hacer que otras personas vean lo que tenemos que ofrecer y tratando de demostrar que valemos algo. Si otra persona está vendiendo algo, quizás tu subconsciente cree que tiene mucha personalidad para ofrecerte. Toma en cuenta lo que se está vendiendo. ¿El objeto que se vende es significativo para ti? Una casa, una reliquia o algo que reconozcas como tuyo podría cambiar el contexto de todo el sueño.

Verduras. El signo por excelencia de la revitalización, las verduras suelen estar presentes en los sueños cuando el soñador siente que necesita refrescar su mente y su cuerpo. También se asocian con el crecimiento y la longevidad, las verduras son un signo positivo. Piensa en las verduras que aparecen en tu sueño. Un festín de Verduras puede indicar que tu subconsciente siente que necesitas más revitalización o que tienes abundancia de ella en este momento.

Vergüenza. Tenemos sueños en los que nos encontramos en un entorno o situación realmente incómoda. El sueño común de estar desnudo en público, de que te abran la puerta mientras usas el baño o de que te tiras un pedo durante una presentación no conoce límites. Muchas veces, estos sueños son más bien una explicación de nuestras inseguridades más profundas, no de nuestra oposición a las cosas que realmente tememos. Estar desnudo en público podría referirse más bien a estar rodeado de gente y sacar a relucir tu personalidad interior, haciendo que se exponga a personas que quizás consideres que no merecen conocer tu verdadero yo. Esta sensación te hace estar "desnudo" ante ellos. Considera qué partes de ti están siendo "expuestas" en estos sueños embarazosos y cómo se correlacionan con los aspectos de ti mismo que se muestran a los demás.

Volcanes. Eruptivos y caóticos, los volcanes tienen que ver con la presión. La mayoría de las veces, debido a la presión emocional o mental, los volcanes son la forma en que el subconsciente indica que hay algo que hierve bajo la superficie. Puede ser la manifestación de recuerdos reprimidos u ocultos, de emociones que se mantienen ocultas y alejadas de otras personas, o de emociones que puedes estar ocultando o negando de ti mismo. Esto podría ser una advertencia de su subconsciente de que debe tener cuidado y tratar los problemas que puede sentir que se están acumulando.

X - La letra. La letra X casi siempre representa algo tachado, encontrado o purgado. Cuando veas una letra X en tus sueños, puede significar que has "encontrado el punto" o que necesitas alejarte de algo. Este símbolo es algo que requiere un cuidado y una atención extra para descifrarlo. ¿Dónde se encuentra la X? Si está en el suelo, es probable que la X sea un símbolo que marca un lugar. Si la X está situada en algún lugar del suelo, intenta identificar dónde está ese lugar. Si se trata de una casa de la infancia, una casa actual o un lugar público, la X puede tener un significado especial en forma de recuerdo. Si la X se encuentra en una imagen, una persona o una prenda de vestir, puede ser más indicativo de una relación con alguien. Tal vez sea la forma que tiene tu subconsciente de hacer que tu mente consciente sea consciente de que una relación ya no es buena para ti.

Xilófonos. Así como un Xilófono es un instrumento interesante, tiene un nivel de inocencia. Como tal, a menudo se asocia como un instrumento que conecta al soñador con la tierra. Soñar con un xilófono significa que te preocupas por el medio ambiente y la tierra. A menos, claro está, que esté destruyendo el instrumento. Fíjate en el contexto en el que aparece un xilófono en tus sueños.

Zombis. El punto medio entre los vivos y los muertos, un Zombie en un sueño significa que el subconsciente tiene una desconexión en alguna parte. Es una broma común decir que te sientes como un Zombie cuando estás realmente cansado o agotado. Un Zombie en un sueño podría ser el subconsciente tratando de hacer su ser consciente, consciente de que algo está drenando su energía. A menudo, los Zombis se asocian con conceptos más negativos que el cansancio común. También tienen que ver con la avaricia y el consumo excesivo, los zombis pueden indicar falta de mente. Tu subconsciente puede querer que eches un vistazo a tus hábitos de consumo y a tu forma de ver el mundo.

Zoológicos. Soñar con un zoológico es similar a soñar con una selva, excepto que bajo un poco más de control. Es el subconsciente el que habla de tus impulsos más primarios. En los sueños, los zoológicos pueden parecer más salvajes, lo que puede indicar cómo ve el subconsciente tus impulsos primarios. Ten en cuenta qué animales aparecen en el Zoo de tus sueños y su comportamiento. Los animales pacíficos en cautividad pueden indicar que tus impulsos primarios no son demasiado intensos, mientras que los animales asilvestrados pueden ser tu subconsciente advirtiendo de la ferocidad de tus impulsos primarios.

Capítulo Cuatro: Sueños recurrentes, Deja Vu y sueños lúcidos

Además de los sueños normales que tenemos por la noche, hay casos especiales. Los sueños recurrentes, los deja vu y los sueños lúcidos tienen su lugar en nuestras aventuras nocturnas. Sin embargo, las preguntas sobre ellos siempre han permanecido. ¿Qué significan realmente?

Sueños recurrentes

Los sueños que se producen con frecuencia, y durante un largo periodo de tiempo, pueden considerarse un sueño recurrente. La mayoría de las veces estos sueños tienen asociaciones negativas más que positivas. En ocasiones, debido a un trauma, es posible que revivas una experiencia terrible en tus sueños una y otra vez. Esto es en gran medida una señal de tu subconsciente de que una situación te ha impactado de forma profunda y psicológicamente significativa. Considera la posibilidad de buscar servicios de salud mental para cualquier sueño recurrente que impida una buena higiene del sueño o que contenga matices abiertamente traumáticos.

También hay sueños recurrentes que son muy comunes y tienen menos asociaciones negativas. Entre ellos se encuentran los sueños sobre caídas, vuelos, ir a la escuela, estar desnudo y ser perseguido.

La mayoría de las veces, los sueños recurrentes suelen ser una indicación del subconsciente de que tienes una frustración constante, una necesidad insatisfecha o un área de lucha en tu vida. Como con todos los sueños, es importante registrar los sueños recurrentes y tomar nota cuidadosamente de todos los objetos, personas y símbolos para poder interpretarlos correctamente. Muchas veces, los sueños recurrentes empiezan a cesar cuando te ocupas del problema subyacente.

Deja Vu

La sensación de *déjà vu* está aún menos estudiada y ampliada que los sueños. El *déjà vu*, que proviene de las palabras francesas que significan "ya visto", es la sensación de familiaridad de que algo te ha sucedido antes, aunque no sea así. Algunos expertos creen que el *déjà vu* se basa más en la experiencia o la memoria, pero hay una teoría que afirma que el déjà vu está profundamente conectado con la experiencia de soñar. Un estudio realizado en la década de 1990 indicó que el *déjà vu* está más relacionado con el sueño que con otras teorías. Los pacientes que participaron en el estudio indicaron que cuando tenían un *déjà vu*, se trataba de algo que habían soñado y no solo de una sensación familiar.

Algunos expertos amplían la idea diciendo que el *déjà vu* podría ser un mecanismo de adaptación de la mente para dar sentido a las experiencias y hacerlas menos aterradoras, un rasgo potencialmente evolutivo. Otras teorías sugieren que, dado que la mente compone muchos sueños por noche, uno o dos de ellos están destinados a volver a aparecer cuando se produce un desencadenante para recordarlos. Sin embargo, como hay tan pocos datos con los que trabajar, todo lo que sabemos es que los *déjà vu* ocurren. Algunas personas creen que un *déjà vu* es una premonición del futuro, por lo que no estaría de más registrarlos también en tu diario de sueños. Quizá descubras que un episodio concreto de *déjà vu* significa algo importante para ti.

Sueño lúcido

De las especialidades de los sueños, el sueño lúcido puede ser la más fascinante. El sueño lúcido se produce cuando eres totalmente consciente de que estás soñando. El sueño lúcido también incluye la capacidad de controlar los sueños, cambiar la trama, intercambiar las personas o reorganizar las habitaciones a voluntad. Los sueños lúcidos suelen producirse durante el sueño REM, que es el momento del ciclo de sueño en el que el cerebro está más activo. Dado que estos sueños son los más vívidos y gráficos, es probable que los Sueños Lúcidos se recuerden más fácilmente y sin esfuerzo durante este tiempo.

Los beneficios de los Sueños Lúcidos no se conocen del todo, pero algunos soñadores lúcidos han informado de una menor ansiedad y de sueños menos traumáticos. Lo negativo, sin embargo, es que soñar lúcidamente de forma consistente y a voluntad es una tarea difícil de lograr.

Para soñar lúcidamente, tendrás que permanecer en la fase REM del sueño el mayor tiempo posible, lo que puede ser difícil para quienes tienen dificultades para dormir. Tener unos buenos hábitos de higiene del sueño, como desconectar los dispositivos electrónicos una hora antes de acostarse, hacer ejercicio de forma constante y tener un buen horario de sueño te ayudará a desencadenar un Sueño Lúcido.

A veces, un Sueño Lúcido puede ser tu subconsciente diciéndote que tienes el control de tu vida y de tu camino. Como siempre, registra e interpreta los sueños, teniendo cuidado de anotar qué aspectos de tu sueño has podido cambiar o manipular. Anotar las cosas sobre las que tienes un control preciso puede indicar qué partes de tu vida crees que necesitan un cambio más intencionado.

Palabras Finales

Los sueños han sido una parte integral de la vida humana desde los albores del hombre. Desde que los antiguos babilonios empezaron a registrar sus sueños en tablas de piedra, la interpretación de los sueños ha avanzado mucho. Ahora, más que nunca, conocemos los diferentes significados de un centenar de temas y asuntos diferentes. Mediante el uso de pistas contextuales, una cuidadosa consideración y diccionarios de sueños, como éste, los seres humanos son más capaces de comprender los misterios de sus sueños.

Enraizados en la experiencia personal, los sueños tienen la capacidad de hacer que te preguntes qué camino debes tomar y qué relaciones debes fomentar. Muchas de las preguntas, luchas y maravillas personales de la vida se encuentran en nuestra propia mente, y nuestro subconsciente utiliza constantemente recuerdos, objetos y colores para ayudarnos a hacernos una idea.

Utilizando este diccionario de sueños, estarás más cerca que nunca de entender tu mente subconsciente y podrás obtener mejor las pistas de tu interior. El viaje para tomar el control de tu subconsciente y aprender sobre ti mismo acaba de empezar. Disfruta del viaje.